JOSEPH REINACH

DÉPUTÉ

LES GRANDES MANOEUVRES DE L'EST

PARIS

G. CHARPENTIER ET E. FASQUELLE, ÉDITEURS

11, RUE DE GRENELLE, 11

LES

GRANDES MANŒUVRES

DE L'EST

G. CHARPENTIER ET E. FASQUELLE, ÉDITEURS
11, RUE DE GRENELLE, 11

DU MÊME AUTEUR

La Serbie et le Monténégro	1 vol.
Voyage en Orient	2 vol.
Les Récidivistes (2e édition)	1 vol.
Le Ministère Gambetta (3e édition)	1 vol.
La Logique Parlementaire	1 vol.
Essais de Littérature et d'Histoire	1 vol.
Les Petites Catilinaires	3 vol.
La Politique Opportuniste	1 vol.

A LA MÊME LIBRAIRIE

Discours et Plaidoyers politiques de Gambetta, publiés par M. Joseph Reinach	11 vol.
Discours choisis de Gambetta	1 vol.
Dépêches, Circulaires, Décrets, Proclamations.	2 vol.

B. 1100. — Paris. Imp. F. Imbert, 7, rue des Canettes.

JOSEPH REINACH

DÉPUTÉ

LES

GRANDES MANOEUVRES

DE L'EST

PARIS

G. CHARPENTIER ET E. FASQUELLE, ÉDITEURS

11, RUE DE GRENELLE, 11

1891

LES

GRANDES MANŒUVRES

DE L'EST

I

Les manœuvres sont à la guerre ce que le théâtre est à la vie, une image, où, la part de la convention étant fixée à l'avance, tout ce qui s'écarte davantage de la réalité ou de la vraisemblance est une faute. Aux manœuvres, comme au théâtre, vous condensez en un laps de temps très court et sur un terrain très restreint des événements dont le développement dans la réalité eût été considérable. Mais de même qu'ayant par convention le droit de faire parler les héros de théâtre en vers, vous n'avez point celui de leur faire exprimer des pensées qui ne seraient point celles de la situation, de même en manœuvres, tout en ne chargeant que de poudre les fusils et les canons, les chefs des armées ont l'obligation de conduire leurs troupes comme si les fusils étaient chargés à balle et les canons à mitraille. Les invraisemblances conventionnelles des manœuvres sont d'ordinaire au nombre de trois : les armes ne sont point chargées, le programme de la campagne est réglé à l'avance dans ses grandes lignes, les centres de distribution sont fixés d'avance. Mais ces conventions, ou telles autres conventions, une fois admises, les manœuvres doivent être l'image même de la guerre et l'on donnera la palme à ceux des officiers qui, loin de chercher l'occasion d'éblouir le spectateur par des marches forcées ou des mouvements de parade, se seront astreints, bien au contraire, au risque de paraître timorés et craintifs, à ne pas agir autrement en manœuvres qu'en temps de guerre et sur de véritables champs de bataille.

Qu'il soit fort difficile pour les commandants de corps d'armée, de divisions, de brigades ou de régiments de conduire leurs troupes comme si les canons et les fusils de l'ennemi étaient véritablement chargés, c'est ce qu'on n'imagine point au premier abord et c'est pourtant ce que les manœuvres de l'Est ont encore une fois prouvé. Pendant que les soldats des deux armées qui se trouvaient en présence dans les plaines de la Champagne prenaient la bataille tellement au sérieux, — ce dont il convient de les louer, — qu'on a pu voir un fantassin d'avant-poste percer de sa baïonnette le ventre du cheval d'un hussard ennemi qui essayait de forcer le passage, on a vu au contraire des officiers-généraux de tous grades engager leurs troupes dans des positions telles qu'ils auraient perdu, dans la réalité, les deux tiers de leurs effectifs. Et, sans doute, dans la bataille du lundi 7 septembre, devant Colombey-les-deux-Églises, les spectateurs et surtout les spectatrices ont applaudi à la bravoure du 7e corps d'armée qui s'avançait « héroïquement » vers le Bois-Cornet, sous le feu croisé des batteries du 6e corps qui couronnaient les crêtes rendues ainsi inexpugnables; dans la bataille du mercredi 9 septembre, en avant de la ligne de Vandœuvre, lorsque le 8e corps d'armée s'élança à l'assaut, sans une pièce d'artillerie qui le soutînt, contre les hauteurs de Beurey, d'où toutes les pièces réunies du 5e corps et de la réserve tonnaient sur lui, sans doute, ce merveilleux déploiement de parade excitait l'admiration frénétique du public dont les bravos se mêlaient aux accents irrésistibles des clairons qui sonnaient la charge; mais que pesaient, le lendemain, devant la critique rationnelle ou même devant la plus simple réflexion, cet « héroïsme » et cette « audace » de théâtre? Des représentations de ce genre peuvent faire illusion au gros public et même à certains reporters; elles ne trompent aucun juge sérieux et c'est ainsi que l'attaché militaire d'une grande puissance a pu dire dans une conversation qui n'a pas été démentie, que l'attaque des hauteurs de Beurey dans la journée du 9 par les troupes du 8e corps lui avait rappelé la journée de Saint-Privat et le fameux glacis dont le vieux roi de Prusse répétait avec mélancolie qu'il avait été l'inutile tombeau de sa garde. « C'est très séduisant en théorie, disait cet officier, la méthode qui consiste à ouvrir le feu à 1,200 mètres, à avancer de

500 mètres d'un coup, puis, après un temps, à franchir le reste de la distance; mais, en pratique, avec les armes à tir rapide, la chose est absolument impossible. On objecte, évidemment, qu'on lance 100,000 hommes, u'il en tombe 50,000, mais que les 50,000 utres arrivent. Mais c'est là encore une rreur et il n'y a pas de troupe, quelque erveilleuse qu'on la suppose, qui puisse ésister à l'effet moral d'une pareille hécaombe. » Aussi bien le roi Charles XII de uède, qui prisait à leur valeur les suffrages e la galerie, mais qui ne s'en contentait as, opinait qu'en temps de manœuvres il erait indispensable, pour l'éducation des roupes et des officiers, qu'un coup de fusil ur cent et qu'un coup de canon sur mille ussent chargés autrement qu'avec de la oudre.

Bien que le général Dragomirof ait souenu dans un écrit fameux le paradoxe farouche du vainqueur de Narva, je n'irai point jusqu'à le reprendre à mon tour. Il est nécessaire cependant qu'un remède énergique soit porté à ce genre de trompe-l'œil et, si la chose devait se renouveler aux prochaines manœuvres, que les arbitres,

— ou plutôt, le seul arbitre qui est le généralissime, — fassent purement et simplement revenir à ses positions initiales l'officier, quel qu'il soit, qui se serait rendu coupable de ce facile mépris de la mort. Assurément, cette tactique serait abandonnée au premier jour de la guerre; à la première fusillade à balles, les troupes en ligne ne réduiraient pas à quelques centaines de mètres les distances d'où elles tiraient l'une sur l'autre aux manœuvres de l'Est; l'art du défilement doit être d'ailleurs appris et pratiqué à l'avance. Ce n'est point là, toutefois, comme on serait disposé à le croire, que réside la gravité de l'erreur commise.

Le raccourcissement des distances de combat est, en effet, l'une des conventions secondaires des manœuvres, convention à laquelle il ne serait certes pas impossible de renoncer, puisqu'il suffirait d'étendre le champ des opérations, mais dont les inconvénients ne sont en somme que médiocres. La véritable erreur, c'est l'emploi défectueux de l'infanterie dans les batailles ou, pour parler plus exactement, l'habitude périlleuse que prendraient les chefs de orps d'engager leur infanterie avant 'heure. L'infanterie reste aujourd'hui comme hier la reine des batailles, c'est l'évidence, et cette reine des batailles n'a point cessé de montrer pendant toute la durée des manœuvres d'incomparables qualités; discipline, sang-froid, résistance à la fatigue, solidité dans le combat, souplesse dans les déploiements, elle a acquis ou développé toutes les vertus de son état. De quelques merveilleuses qualités de bravoure et de ténacité qu'elle soit douée, l'inanterie cependant ne peut plus opérer ujourd'hui indépendamment de l'artilerie et ces deux armes, doivent être onsidérées désormais, sur le champ de ataille, comme les deux doigts de la main. st-ce à dire qu'une masse énorme d'infanrie ne puisse jamais, même sans artillerie, porter une position couronnée par une tillerie ennemie qui ne serait pas en nombre suffisant? En aucune façon. Mais elle commencerait par joncher la terre de cadavres et, si la crainte de la mort ne saurait arrêter aucun officier digne de ce nom quand il s'agit d'une impérieuse nécessité, aucun officier n'a le droit de sacrifier inutilement un seul homme qu'il pourrait employer ou *sacrifier utilement* ailleurs. L'infanterie ne doit donc agir que sous le feu, c'est-à-dire sous la protection de l'artillerie qui a pour mission expresse de *nettoyer* la place que l'infanterie, protégée par elle, doit emporter et occuper. A l'exception des compagnies franches, dont le rôle est de chercher et de harceler l'ennemi pendant les marches et qui doivent être, selon la formule, « de la cavalerie démontée, » l'infanterie, quand elle est isolée de l'artillerie, est impuissante. La théorie est impérative et la pratique n'a point cessé de la justifier. Pourquoi, à la bataille du 7 septembre, la critique a-t-elle jugé, par exemple, que le 6e corps avait victorieusement conservé les positions qui lui avaient été assignées dès le début de la journée? Tout simplement parce que son chef avait su garder sous la main, sur la crête du Bois-Cornet, son artillerie qui ne cessa de faire rage sur les masses assaillantes du 8e corps jusqu'au moment où, la canonnade ayant réduit au silence les premières batteries ennemies, l'infanterie, se démasquant avec rapidité, pût couvrir de ses feux tout le terrain des attaques. Et de même, le 14, à la bataille de Margerie-Haucourt, où l'infanterie des 6e et 8e corps réunis ne sonna la charge et ne s'élança sur le joli village qui était la clef de la position que sous le feu de l'artillerie qui avait préalablement éteint le feu des batteries du Meldançon. Il ne s'agissait pourtant ce jour-là que d'un ennemi figuré et, si le général Saussier qui commandait en chef n'avait eu souci que de l'effet théâtral à produire, rien ne lui aurait été plus facile que de précipiter tout de suite sur Margerie, au son des clairons, les colonnes d'attaque des généraux de Kerhué et Jamont. Dans la grande plaine que traverse le ruisseau du Puits, sous le beau soleil qui avait dissipé les nuages de la matinée et qui faisait scintiller comme une moisson d'acier les milliers de fusils des armées réunies, la grandeur du spectacle eût été incomparable. Mais quoi! cet assaut, que n'aurait préparé aucun duel d'artillerie, eût été un défi à la réalité et c'est d'autres leçons que le général Saussier s'était proposé de donner à ses troupes.

Après l'absence des projectiles, la seconde convention des manœuvres consiste dans la fixation préalable de tous les mouvements, marches et contre-marches, des armées.

Où se dérouleront les drames grandioses et sanglants de la prochaine guerre? Si l'offensive diplomatique appartient à notre adversaire, le temps matériel nous sera-t-il laissé pour prendre l'offensive militaire? Si l'offensive nous échappe, sur quel point serons-nous attaqués? Evidemment, chacun de ces problèmes qu'il est permis d'examiner dès aujourd'hui, implique, entre autres, une série d'études de terrains que l'état-major général a le devoir de préparer, tant au point vue de la concentration que de la mobilisation des forces et du choc probable des armées. Cependant ces études ne peuvent être qu'approximatives. On raconte, sans doute, que six semaines avant la bataille de Marengo qui commença par être une défaite, le premier consul montra sur la carte les plaines d'Alexandrie, et dit: « C'est là que je les battrai. » Mais le propos vaut toutes les autres grandes paroles historiques, et, fût-il vrai, la clairvoyance géniale de Bonaparte, en tout cas, n'est donnée à personne. A quelques études préalables que les états-majors se soient livrés, quelques connaissances exactes et précises qu'ils aient

pu acquérir de la géographie et de la topographie militaires sur les deux versants de la frontière de l'Est, une part immense sera forcément laissée à l'inspection du terrain qu'il faudra faire au dernier moment, à la veille même de la bataille, selon les mouvements de l'ennemi ou le simple hasard qui auront amené sur tel ou tel point la rencontre des armées. Or, rien de tel dans les manœuvres. Pour celles du mois de septembre, le plan d'ensemble en avait été arrêté au ministère de la guerre dès le mois de février ou de mars, et communiqué aussitôt aux états-majors spéciaux qui l'avaient mis à l'étude sans plus de retard, non point seulement dans leurs cabinets, mais sur le terrain même:
« Une armée venant de Vitry est en marche
« sur Troyes; elle doit, coûte que coûte, oc-
« cuper Troyes et forcer en ce point le pas-
« sage de la Seine. Prévenue qu'un groupe
« de deux corps d'armée, rassemblés vers
« Chaumont, va se porter sur son flanc
« gauche pour retarder sa marche, elle
« détache de Brienne un groupe d'égale
« force pour arrêter l'ennemi et le reje-
« ter sur Chaumont ou, tout au moins,
« le ralentir et l'empêcher d'arriver à la

« prendre en flanc. Ce groupe, une fois « sa mission remplie, doit rejoindre par « Bar-sur-Aube et Vandœuvre le gros de « l'armée devant Troyes pour participer à « l'affaire générale, etc. » Mais les états-majors n'avaient pas été seulement avisés six mois d'avance de cette hypothèse d'ensemble qu'ils avaient eu ainsi tout le loisir d'étudier avec réflexion et sang-froid; en même temps que l'hypothèse, l'emplacement des futures batailles leur avait été déjà désigné. On eût pu leur laisser chercher, « deviner, » la position en face de Colombey qui couvre les passages de l'Aube entre Bar et Dolancourt, ou la ligne de Vandœuvre-Beurey qui est la clé de la route de Troyes : le développement même de l'hypothèse devait y conduire. Mais quoi ! le plan de campagne, s'il n'avait été qu'une esquisse, aurait fait moins de gloire à ses auteurs et, par conséquent, il fallait qu'il fût écrit d'avance qu'on se battrait sur tel point précis et non ailleurs. Les promenades d'état-major reconnurent donc, dès le printemps, les moindres accidents des terrains où allaient se livrer les combats d'automne : ici la croupe de Beurey qui domine, de la grande ligne de Belfort à l'épaisse forêt du grand Orient, toute la plaine de Vandœuvre, le ruisseau de Landion, et le ru de Crébenard qui enveloppe, comme d'un fossé, la gauche du plateau; là, de l'Aube à la Blaise, la crête qui va s'élevant de la route de Bar jusqu'au signal culminant de Colombey-les-Deux-Églises, la fameuse côte 342 et le contrefort de Lignol, dont l'occupation par l'une ou l'autre des armées doit décider du sort même de la rencontre, demain, comme il y a quatre-vingts ans, quand le maréchal Mortier, battant en retraite de Langres sur Troyes, y arrêta, le 24 janvier 1814, les forces décuples du prince de Schwarzemberg.

Voilà donc la part de l'inconnu, réduite à ce qui pourrait passer déjà pour un *minimum*; les deux armées savent d'avance sur quel terrain elles se heurteront et elles en ont pu étudier à loisir les avantages et les inconvénients. Mais ce n'est pas tout, et, longtemps avant la constitution des armées de l'Ouest et de l'Est, les états-majors avaient été instruits encore de bien autre chose. Ils avaient reçu et mis à l'étude le plan détaillé *jour par jour* de toute la période des manœuvres. Ils savaient que, le général de Galliffet et le général Davout s'étant concentrés le 2 septembre, le premier avec les 5e et 6e corps sur la rive droite de la Seine et sur la rive gauche de la Marne, le second avec les 7e et 8e corps vers Lignerol-Montigny, l'armée de l'Est (Davout) serait signalée vers Chaumont le 5 septembre, et que, l'armée de l'Ouest se portant entre la Blaise et la vallée de l'Aube pour empêcher l'ennemi de déboucher des forêts, *n'arriverait pas à temps*, — je copie textuellement l'ordre général des manœuvres, — et serait réduite à couvrir, en face de Colombey, les passages de l'Aube. L'ordre décidait encore que, le lendemain du jour où les cavaleries des deux armées auraient pris ainsi le contact, et alors que les avant-postes ne seraient plus séparés que par quelques kilomètres, la bataille générale serait retardée de vingt-quatre heures pour permettre aux troupes de se reposer le dimanche, trêve de Dieu d'ailleurs absolument invraisemblable, puisque deux adversaires qui ont tout fait pour amener et préparer une action décisive n'ont point coutume, juste à ce moment, de s'accorder un répit pour prendre haleine et entendre la messe, trêve tellement factice et contraire à la logique des opérations que, par la force même des choses, les avant-postes ne purent se tenir d'engager la fusillade dès la soirée du 6 septembre. Le programme stipulait du reste que l'armée de l'Ouest aurait beau, le lendemain, emporter Lignol et conserver le Bois-Cornet, elle était condamnée d'avance à se retirer, et n'arrêterait sa retraite, — en bon ordre, d'ailleurs selon la formule, — qu'en avant de Vandœuvre. Et ainsi de suite, heure par heure, combat par combat, jusqu'à la bataille de Margerie-Haucourt pour laquelle on avait prévu encore avec infiniment de sagacité que la cavalerie indépendante renseignerait inexactement le général en chef sur la marche de l'ennemi, qui serait supposé devoir arriver par Bar-le-Duc, et qui déboucherait à l'improviste sur la Voise par Châlons-sur-Marne et Vitry-le-François.

Eh bien, la convention d'un pareil programme, ainsi arrêté, scruté, fixé, immuable jusque dans ses moindres détails, ne recule-t-elle pas trop loin toutes les limites de la vraisemblance? J'entends que cette manière de régler les manœuvres des armées comme une représentation de théâtre permet aux badauds et aux nouvellistes officieux de déclarer que l'état-major général rédige des plans de campagne qui ne le cèdent pas aux plus beaux de Napoléon ou de Frédéric-le-Grand. En vérité, un homme de la valeur de M. le général de Miribel, qui est, à la fois, de l'aveu de tous, un poète de grande envergure pour la conception stratégique et le plus circonspect des savants pour la préparation des mises en œuvre ; un ministre, comme M. de Freycinet, qui sait de longue date discerner les apparences des réalités, et à qui le plan des opérations de l'Est a dû évidemment être soumis, ne devraient-ils pas se mettre au-dessus de toute vaine réclame et de toute fausse gloire ? Je n'insinue certes pas qu'il soit donné à tout le monde de pouvoir élaborer un pareil programme, d'arrêter ainsi un vaste plan dont les grandes lignes sont tout ensemble majestueuses et simples, et qui se tient *à peu près* dans ses parties essentielles. Un tel programme cependant rentre-t-il dans ce programme plus général qui veut que les manœuvres soient, je ne dirai pas l'image de la guerre, mais l'école des généraux ? Sans doute, ce serait trop dire que de prétendre qu'il ne laisse absolument rien à l'initiative des chefs d'armée, de corps ou d'unités constituées. Il leur laisse, entre autres, l'énorme besogne d'assurer l'arrivée, à l'heure dite, des différentes troupes sur les différents emplacements, et il suffit d'avoir travaillé pendant quelques heures avec un état-major, ou seulement de l'avoir vu travailler, pour se rendre compte de la complexité et des mille difficultés de cette opération.

Mais enfin, si les ordres particuliers s'étaient abstenus de décider impérativement à l'avance l'heure de tous les levers de rideau, — car on revient malgré soi, avec le système en usage, aux comparaisons théâtrales, — peut-être la tâche des états-majors serait-elle devenue un peu plus difficile, mais combien elle serait devenue plus instructive pour les états-majors et pour leurs juges eux-mêmes ! Serait-elle même devenue beaucoup plus difficile ? J'ose croire qu'il n'en eût rien été, car l'expérience presque quotidienne des manœuvres a démontré que les plus grosses difficultés résidaient d'ordinaire dans l'exécution mathématique d'ordres qui n'avaient pas été toujours suffisamment calculés, — et comment l'auraient-ils été quand il s'agissait de la marche de plus de 100,000 hommes ? — Au temps de la vieille Université, le ministre de l'instruction publique ne se tenait pas de joie quand, tirant sa montre le mardi à neuf heures du matin, il pouvait dire : « Aujourd'hui, dans tous les lycées et collèges de France, on fait à cette heure une version latine. » L'Université s'est corrigée de cette orgueilleuse routine, mais le ministère de la guerre n'en a-t-il pas hérité ? Il est fort joli de décider, six mois d'avance, que tel jour, à telle heure, les deux armées qui vont se rencontrer occuperont tel ou tel front de bataille. Mais comme on avait décidé que, la veille, la ligne de cantonnement pour ces mêmes armées s'étendrait de tel point à tel autre, il en est résulté que tel régiment d'infanterie qui arrivait au cantonnement à minuit, après avoir fait dans la journée 35 à 40 kilomètres, a dû en repartir à trois heures du matin et faire 40 à 45 kilomètres avant d'arriver au canon, ce qui est abuser inutilement des forces humaines. Au surplus, avec la prétention de tout régler d'avance, on tombe fatalement dans les plus étranges contradictions : on annonce d'une part, à heure fixe, toutes les représentations ; on décide d'autre part, *ne varietur*, que l'infanterie ne se mettra jamais en marche avant sept heures du matin. Sur quoi, à un mois d'août frileux succède un mois de septembre très chaud, et voilà les fantassins qui, au lieu de profiter des fraîcheurs vivifiantes de l'aube pour « avaler » les kilomètres, sont condamnés à traîner péniblement, en plein midi, sous la pesanteur brûlante d'un été attardé, par les routes poussiéreuses et les plaines desséchées. De là, des insolations fréquentes, des maladies qu'on eût pu éviter, plusieurs cas de mort, si bien que le chef d'état-major général est amené à reconnaître lui-même, dès le second jour, que si

Tout sur terre appartient aux princes, hors le vent,

tout appartient sous le ciel aux *impresarii* de manœuvres, hors le soleil et, par conséquent, vu le refus obstiné de l'astre de se conformer à l'ordre, qu'il était nécessaire de revenir sur la règle uniforme qu'on avait voulu imposer.

En résumé, si l'on veut, comme on doit le vouloir, que les manœuvres soient vraiment l'école de la guerre et si les expériences acquises ne doivent pas profiter exclusivement aux observateurs étrangers, il faut désormais borner « le plan » à une hypothèse générale qui, sans doute, ne devra pas être absolument sommaire, mais qui devra laisser une part beaucoup plus large à l'initiative des chefs d'armée. La tâche des arbitres, — institution qu'il convient d'ailleurs encore de réformer, — en deviendra plus laborieuse ; mais quel coup de fouet pour le commandement qui n'aura plus seulement à faire preuve de ponctualité et de précision, pour qui les manœuvres deviendront vraiment la pierre de touche ! Si vous ne leur laissez point quelque initiative stratégique, comment, sur quoi jugerez-vous de la capacité réelle des chefs d'armée et même des chefs de corps ? Vous pouvez constater, — et c'est déjà quelque chose, — s'ils tiennent ou non leurs troupes en main, s'ils sont, ou non, dans des limites du reste trop étroites, tacticiens et manœuvriers. Mais la stratégie, qui est l'art de diriger une armée sur les points reconnus décisifs, n'est point la tactique qui se dit seulement des opérations que les armées opposées font à la vue l'une de l'autre, qui consiste seulement à ranger des troupes en bataille, à faire les évolutions et à employer, sur les terrains qui leur sont favorables, les différentes armes. La stratégie commande les mouvements, la tactique les exécute. Et comment reconnaitrez-vous, si vous ne leur laissez pas la moindre occasion de s'exercer, ces qualités stratégiques de vos chefs? Comment saurez-vous avec quelque certitude où placer votre confiance? La première bataille vraie vous le dira, sans doute, mais l'expérience alors ne sera-t-elle pas trop coûteuse?

Qu'il me soit d'ailleurs permis ici d'étendre et de généraliser la question. Le grand vice de l'armée française a été pendant longtemps, et jusque dans les plus cruelles épreuves, l'absence d'initiative chez les chefs d'unités constituées; alors même que les circonstances les plus impérieuses lui ordonnaient de s'exercer, l'initiative refusait d'agir; d'en bas jusqu'en haut de l'échelle les chefs hiérarchiques s'en tenaient à la règle étroite; sous prétexte de discipline, Napoléon, le plus illustre et le plus grand coupable en cette matière, avait brisé chez ses lieutenants l'esprit qui agit et qui vivifie;

il fallut Waterloo pour lui montrer l'étendue de sa faute et il n'est, d'ailleurs, pas certain qu'il la comprît.

Il n'en est pas de même aujourd'hui. Non seulement l'expérience a parlé (et quelle expérience !) mais un souffle général d'indépendance intellectuelle a traversé cette fin de siècle et l'armée nationale en a frémi. Le désir, la volonté d'initiative existe donc, et non seulement chez les grands chefs, surtout chez les meilleurs parmi eux, mais encore à tous les échelons de l'armée, — car il n'est pas un grade, un seul, qui ne comporte, dans une certaine mesure, pour l'officier qui en est investi, la pratique de l'initiative individuelle; — cette volonté existe surtout chez les jeunes, ceux qui ont fait la guerre dans les bas grades ou qui ne sont entrés au service qu'après la guerre, qui ont travaillé, étudié, médité, qui sont l'élite. Seulement, la vieille école n'a point encore disparu; toute décimée qu'elle soit, elle tient encore les principales avenues du haut commandement; il y a sans doute d'heureuses exceptions et qui, de jour en jour, deviennent plus nombreuses; mais ce ne sont encore que des exceptions et, par conséquent, le vieil étau de fer n'est pas encore brisé. L'esprit d'initiative est là, bien réveillé, ne demandant qu'à agir ; on ne lui en fournit pas l'occasion ; on le contient, le refoule, le réprime.

S'il est au monde une discipline inflexible et redoutable, c'est bien celle de l'armée prussienne; voici pourtant ce que proclament ses règlements en termes formels : « Tout officier qui ne sait pas agir avec initiative est indigne de son grade. » Quand en arriverons-nous là, à cette conception forte et la seule vraie du rôle de l'officier à tous les grades ? L'intelligence, évidemment, n'est pas un monopole de notre race; elle est cependant un de ses dons spéciaux. Pourquoi ne pas lui permettre d'agir dans les choses de l'armée? Pourquoi la comprime-t-on, lui refuse-t-on systématiquement les occasions de se révéler, de s'exercer? Il va de soi que l'initiative n'exclut pas la discipline, l'obéissance aux ordres quels qu'ils soient ; personne n'a jamais avancé pareille sottise, personne n'imagine que les instructions supérieures, bonnes ou mauvaises, puissent être discutées par ceux qui ont mission de les exécuter, et il est clair que tout le débat porte sur une question de mesure. Ce n'est donc pas l'indépendance, la bride sur le cou que l'on réclame pour qui que ce soit, mais pour tous, depuis le sous-lieutenant qui est chargé d'une reconnaissance d'avant-garde, jusqu'au chef de corps ou d'armée qui est chargé d'occuper ou d'emporter telle position, le droit — sous sa responsabilité — d'agir selon les circonstances pour atteindre au but marqué. Des hommes, des officiers ne sont pas les rouages aveugles d'une mécanique ; pourquoi les traiter comme tels ? Il est très certain que le rôle de l'initiative va croissant avec l'importance des commandements exercés et que, nécessairement médiocre dans les grades inférieurs, il ne devient considérable que dans les grades les plus élevés. Mais les qualités et les vertus sont-elles toutes innées ? L'initiative, elle aussi, s'enseigne et s'apprend comme la discipline ; elle se forme et se développe comme le courage. Pourquoi, dès lors, avoir toujours l'air de croire que l'esprit d'initiative viendra tout seul, de lui-même, par on ne sait quelle génération spontanée, par cela seul que l'on se trouve promu au grade ou placé subitement dans des circonstances graves où il est

est indispensable? Si vous ne vous êtes pas exercé de longue date à développer cet esprit dans la mesure où chacun des grades successifs le comporte, pourquoi vous étonner que la maladie de nos généraux ait été constamment la crainte, l'angoisse des responsabilités? Qu'avez-vous fait pour les en guérir? Mais non-seulement vous n'avez rien fait et vous ne faites rien pour porter remède à ce mal dont les dangers vous sont cependant connus; vous vous obstinez, hélas! à tuer chez ceux qui en sont naturellement animés l'esprit d'initiative par la terreur des responsabilités à prendre, si bien que l'officier le plus hardi perd au bout de peu d'années son audace native et qu'au jour où vous lui demanderez d'agir par lui-même, il ne trouvera pas plus l'emploi de ses facultés atrophiées qu'un prisonnier enchaîné depuis dix ans ne retrouve pour s'enfuir, si ses liens se brisaient tout à coup, l'usage de ses jambes.

Je connais l'objection: élargir le champ de l'initiative, c'est courir le risque d'augmenter le nombre des fautes. Hé! sans doute, il s'en commettra d'abord, mais combien moins graves que celles qui résultent de la crainte des responsabilités ! Et puis quelle est l'éducation qui se fait sans erreurs, sans à-coups, sans expériences parfois coûteuses ? Parmi les libertés nécessaires, ne faut-il pas compter la liberté de l'erreur ? Or, c'est cette éducation qu'il s'agit de faire et quand la préparera-t-on, notamment pour les généraux d'armée et les commandants de corps, si ce n'est en temps de paix et précisément pendant les manœuvres ?

Quelle sera, en effet, la prochaine guerre ? En quoi ressemblera-t-elle à la grande représentation théâtrale qui est restée l'idéal du ministère du boulevard St-Germain ? Qui ne voit que l'initiative individuelle est destinée à y devenir l'élément même de la victoire ? On peut régler à la rigueur, en pays ami, en pleine paix, avec cinq ou six mois de préparations savantes, les marches et contre-marches de quatre corps d'armée ; quand il s'agira de trois ou quatre armées avec leurs réserves, on ne pourra donner que des lignes générales ; pourquoi ne pas s'en contenter dès à présent ? Quand deux corps d'armée se heurtent sur un champ de manœuvres relativement étroit, tout restreint qu'il soit, il est cependant trop étendu encore pour que le général le plus prompt sur le cheval le plus rapide puisse le voir et le connaître tout entier pendant le combat. Que sera-ce quand deux armées d'un demi-million d'hommes chacune, se rencontreront pendant plusieurs jours, — car les grandes batailles de l'avenir dureront trois ou quatre fois vingt-quatre heures, — sur un champ de vingt-cinq à trente lieues? Malgré les ballons, les télégraphes, les téléphones et les vélocipèdes, quel est le chef qui pourra, à aucun moment, être informé de tous les actes de ce drame effroyable et prodigieux? L'art de la guerre, l'art académique de la guerre n'existe plus ou du moins ne pourra plus trouver d'application dans ces épouvantables rencontres. Une armée d'autrefois, une jolie petite armée, bien dressée et bien stylée de 25,000 à 50,000 hommes, c'était entre les mains d'un général qui s'appelait Turenne en Alsace ou Bonaparte sur l'Adige, un cheval de race pour qui la haute école n'a point de mystère et que l'on fait marcher et manœuvrer en tout temps comme au manège. Une armée d'aujourd'hui, c'est un troupeau d'éléphants. A qui la victoire? A celui qui lancera, au moment opportun, avec le plus de force la masse la plus forte. Réunir, grouper, faire vivre sur un emplacement donné le plus grand nombre d'hommes possible, voilà donc le problème de l'état-major. Mais après, quand le problème aura été résolu? Après? Une fois sur le champ de bataille, le général en chef n'a plus guère qu'à lancer son bâton de commandement dans les lignes ennemies et à dire aux chefs des différentes armées placées sous ses ordres : « Allez le chercher! » Puis, cela dit, qu'il se tienne tranquille, qu'il soit le moins nerveux qu'il pourra et que les chefs de corps, préalablement habitués à commander et déjà exercés à agir par eux-mêmes pour l'exécution d'un plan convenu, marchent à l'assaut.

Donc, modifions radicalement le vieux système, et, pour cela, rendons simplement à l'intelligence humaine la place qui appartient en toutes choses à ce plus grand des facteurs de toutes nos destinées et qu'on ne lui a jamais enlevée sans s'exposer aux pires catastrophes. Au lieu de s'appliquer, comme la routine égoïste et jalouse n'a point cessé de le faire, à annihiler cette intelligence dont l'emploi ne peut être nulle part plus important qu'à la guerre, cherchons au contraire à la développer en toutes circonstances et à l'épanouir. Les forts en deviendront plus forts, les faibles s'élimineront d'eux-mêmes et sans inconvénient. Et, quant au chef suprême lui-même, déchargé des besognes basses et des vulgaires préoccupations, quel ressort nouveau ne trouvera-t-il pas dans cet allègement pour s'élever à une vue plus haute et plus libre des choses, à cette sérénité d'esprit qui est indispensable à la réflexion sûre et à la décision?

Initiative des mouvements stratégiques, liberté des cantonnements, tout se tient Une conception erronée des manœuvres enlève aux chefs des armées toute initiative effective dans leurs mouvements; elle est condamnée par cela même à leur enlever la liberté de leurs cantonnements, à déterminer d'avance leurs centres de distribution (1). La partie, de beaucoup la plus difficile, de la mission des états-majors en campagne, est d'assurer le ravitaillement aux points mêmes où les opérations de guerre les

(1) On pourrait dire également : Liberté de ravitaillement, d'où liberté de cantonnement, d'où liberté de manœuvres. Le résultat, d'ailleurs, est le même.

ont conduits : toute cette besogne a été tenue, encore une fois, en dehors de leurs attributions. Dès lors, si l'expérience du haut commandement a été faite d'une manière insuffisante pour le *rôle de l'avant*, elle ne l'a pas été du tout pour le *rôle de l'arrière*. Quand la fera-t-on cependant, si ce n'est en temps de manœuvres ? Quand saura-t-on, puisque l'école des exercices de la paix ne nous l'a point appris, si les organes de l'approvisionnement fonctionnent avec la célérité et la régularité qui sont nécessaires à la subsistance des troupes ? Quel moment le ministère de la guerre attend-il pour mettre à l'épreuve le mécanisme des convois de ravitaillement sur nos voies ferrées ? Les troupes, pendant les manœuvres, n'ont eu avec elles, qu'un seul jour de vivres. Les deux jours de vivres des trains régimentaires auraient suffi pour faire l'expérience, mais il eût fallu pour cela abandonner aux partis opposés une certaine liberté d'action, et c'est précisément ce que le programme ne comportait pas. Au lieu de demeurer dans son véritable rôle, qui ne laisse pas déjà d'être assez écrasant, de rester ce qu'il doit être, un organe de direction et d'impulsion, le grand état-major a voulu encore se faire un agent-général d'exécution, et il l'a été. Il y a réussi, mais à quel prix? Au prix des expériences mêmes, qu'il eût été le plus utile de poursuivre, sans parler des fatigues inutiles que la désignation anticipée des centres de ravitaillement devait nécessairement infliger aux troupes. La manœuvre finie, certains régiments ont eu à faire, — avant de trouver les cantonnements qui leur étaient assignés, — des marches de retour qui les faisaient rentrer à dix et onze heures de la nuit ; le 7 septembre, la 1re division de cavalerie a exécuté ainsi une marche de retour de 55 kilomètres ; les chevaux ont eu, ce jour-là, 90 kilomètres dans les jambes.

J'entends l'objection : la dépense budgétaire, pour les manœuvres, a déjà été considérable ; s'il avait fallu faire l'expérience complète, qui eût exigé la mobilisation de tous les éléments de la région, la dépense eût paru excessive. En temps de guerre, les troupes cantonnent évidemment où elles se trouvent, mais elles vivent aussi des ressources du pays : tout est suspendu, jusqu'à la vie même de la région occupée, pour être consacré à l'armée. Comment procéder de même en temps de paix sans doubler le prix des indemnités, sans doubler ou tripler le chiffre des crédits pour les vivres? Même dans les régions qui seraient le plus largement dédommagées, que de récriminations et que de plaintes !

Eh bien ! oui, évidemment, la dépense générale eût été plus forte. Mais, d'abord, qui peut dire que les Chambres l'eussent trouvée excessive, ces Chambres qui n'ont jamais refusé à la défense nationale les plus lourds sacrifices, et que les souvenirs de l'intendance de 1870 n'ont pas cessé de hanter comme un cauchemar ? Et puis, quelque lourde qu'eût été la dépense, l'expérience est-elle oui ou non nécessaire ? N'est-il pas incontestable que la confiance ne reviendra pas à l'intendance tant que l'expérience n'aura pas été faite ?

Cela dit, j'ai hâte d'ajouter qu'il serait profondément injuste de tirer argument de l'ajournement de l'expérience contre l'intendance elle-même. Ce n'est point elle, d'abord, qui a demandé à opérer dans les conditions anormales où elle a fonctionné. Il est certain, surtout, qu'elle s'est fort bien tirée d'une situation qui était illogique au premier chef, mais qui n'en était peut-être que plus difficile. Pendant toute la durée des manœuvres, l'intendance, en effet, ne s'est pas trouvée une seule fois en défaut : elle a procédé avec ordre et méthode, sans à-coup ; elle n'est pas arrivée une fois en retard ; elle avait pour consigne de ne pas troubler la vie habituelle des populations : elle ne l'a point troublée.

L'organisation des fours roulants de boulangerie, travaillant nuit et jour, a été particulièrement remarquable ; le pain n'a jamais manqué d'une heure, et la distribution en a toujours été abondante. Les agences télégraphiques ont bien raconté, certain jour, que les boulangeries de Bar-sur-Aube avaient été pillées par la troupe affamée ; mais les *reporters*, ce jour-là, avaient mal vu. Le 6 septembre était tout simplement la journée désignée par le commandement pour la consommation des « vivres du sac » (biscuit et viande de conserve), et si le soldat a, non point pillé, mais vidé en un clin d'œil, — et contre argent comptant, — les boulangeries de Bar-sur-Aube, c'est qu'il préfère, en général, le pain blanc au biscuit, tout nutritif que soit ce dernier. « Les boulangers, écrivait un témoin oculaire (1), ne se sont donc plaints que d'avoir été pris au dépourvu et de n'avoir pu vendre davantage. » Ailleurs, les boulangeries civiles ont demandé l'autorisation de s'approvisionner de suppléments à l'intendance, laquelle n'a jamais été prise au dépourvu.

Mais, encore une fois, et quelque satisfaisantes que soient ces constatations, il n'en reste pas moins que l'expérience même du ravitaillement, *du rôle de l'arrière*, n'a point été faite, et que la convention qui consiste à fixer par avance les centres de distribution, n'ayant d'autres avantages que des économies budgétaires, ajoute des fatigues inutiles aux fatigues nécessaires et risque de perpétuer de mauvaises habitudes dans certains corps. N'a-t-on pas vu tels officiers d'approvisionnement se contenter de passer un marché avec leurs fournisseurs de garnison, qui s'engageaient à leur assurer les vivres partout où ils passeraient?

(1) M. Malo, rédacteur au *Journal des Débats*.

II

Les manœuvres de l'Est n'ont pas eu seulement une importance exceptionnelle par la quantité inusitée des hommes qui y ont participé ; des humbles manœuvres de division de 1873 qui ne mirent en mouvement que le 14e corps, une progression savante a conduit d'abord l'armée aux manœuvres de 1876 qui mirent pour la première fois deux corps d'armée en présence ; puis des manœuvres de 1876 aux manœuvres d'ensemble de 1889 et 1890 et surtout de 1891, dont l'initiative restera pour M. de Freycinet, à qui elle appartient, un grand titre d'honneur. Les manœuvres d'automne avaient, en effet, cette année, un but spécial qui n'avait été précédemment qu'entrevu. La qualité, la valeur des troupes avait été précédemment expérimentée, elle était connue, elle était indiscutable ; le but des manœuvres était d'éprouver le fonctionnement du commandement supérieur tel que le ministère de la guerre l'avait organisé : « Les différents rouages engrèneraient-ils entre eux sans chocs ni frottements? La direction d'une pareille masse d'hommes ne déconcerterait-elle pas les méthodes ordinaires du temps de paix? » C'est en ces termes que le ministre de la guerre lui-même posait le problème. L'épreuve a été faite. Qu'a-t-elle été?

D'une manière générale, en bloc, l'épreuve a réussi au-delà des plus ardentes espérances.

Que le plan même des opérations militaires ait été restreint dans des limites trop étroites pour permettre à la liberté d'initiative de s'exercer comme il aurait fallu, on a déjà essayé de le montrer. Que des fautes assez nombreuses de tactique aient été commises par les uns et par les autres, que trop de batailles « parallèles » (1) aient été engagées et livrées, cela est hors de doute : le mot de Napoléon reste cependant éternelle-

(1) La bataille « parallèle » ne résulte pas du parallélisme des lignes du terrain, mais bien de la disposition symétrique des forces, disposition qui est l'enfance, sinon la négation de l'art.

ment vrai : « La question, à la guerre, n'est point de ne pas commettre de fautes ; on en commet toujours : l'important est d'en commettre moins que l'ennemi. » Que certains états-majors, à qui la tradition fait défaut, manquent encore de méthode et de calme ; qu'ils aient nerveusement abusé du télégraphe ; que, d'autre part, les états-majors latéraux soit encombrants et trop nombreux, il est difficile de le contester. Mais, tout cela reconnu, après avoir fait à la critique la plus justement sévère toutes les concessions les plus larges, il n'en demeure pas moins acquis pour tout observateur impartial, — et pour les attachés militaires des grandes ambassades avant tous autres, — que le commandement des armées et des groupes d'armées est désormais assuré en France au même degré que celui des corps d'armée ou celui des divisions. M. de Freycinet l'a proclamé dans son discours de Vandœuvre : il n'a pas trouvé, il ne trouvera pas un contradicteur.

Voici, en effet, le premier point : il n'y a point de formule absolue qui donne la victoire sur le champ de bataille ; mais il y a des règles certaines pour amener à l'heure dite, par cent chemins divers, sur le terrain où doivent s'engager les combats, les masses énormes d'hommes, de chevaux et de canons qui composent les armées modernes, pour les approvisionner sans retard, sans interruption et sans à-coup, de munitions et de vivres; — et il n'a été manqué, du commencement jusqu'à la fin des manœuvres, à aucune de ces règles. Nous avons parcouru, pendant dix-huit jours, bien des routes et nous n'y étions pas seul : les attachés militaires des grandes ambassades, les journalistes militaires, français et étrangers, s'y trouvaient près de nous. Eh bien! pas une fois, deux colonnes ne se sont croisées ou heurtées. Relisez l'histoire de la guerre de 1870 et mesurez le progrès.

Voici maintenant le deuxième point, la considération essentielle qui domine toutes les autres, qui prime toutes les critiques de détail : les troupes n'ont pas été seulement commandées ; à l'exception de la cavalerie, elles se sont *senties* commandées.

Que les meilleurs soldats du monde perdent 50 pour 100 de leur valeur propre, intrinsèque, quand le commandement n'est point constitué avec une rigoureuse précision, c'est l'évidence même. Mais il ne suffit pas que le commandement existe, ni même qu'il soit savant, énergique et prompt; il faut encore que l'impulsion partie d'en haut, se transmettant régulièrement à toutes les fractions de l'armée, des corps d'armée, des divisions, des brigades, des régiments, soit continuellement ressentie, non pas seulement par chacune des unités tactiques qui composent l'armée, mais encore par chaque officier, et je dirais volontiers jusque par le dernier soldat. C'est une très belle chose que l'obéissance passive. Seulement, comme l'homme, quelque rompu qu'il soit à la discipline, n'est pas et ne saurait être un simple mécanisme d'horloge, le rouage matériel de la machine qui marche, va, vient, tord, coupe, broie ou dévide, sous l'irrésistible impulsion d'une force qui lui reste inconnue, la valeur même de l'obéissance, si je puis dire, est en raison directe de l'intelligence qu'a le sujet qui obéit, de l'ordre qui lui est donné et du but poursuivi.

Il ne suffit pas que le sous-officier reçoive régulièrement des ordres du lieutenant; le lieutenant, du capitaine; le capitaine, du colonel; le colonel, du général de brigade;

il faut encore que tous éprouvent, sans doute à des degrés divers, l'impulsion maîtresse du général en chef que je comparerais volontiers, dans cette vaste machine *intelligente*, à l'arbre de couche sans lequel le mouvement même n'existe pas. On continue, dans certains milieux, à se faire du général en chef l'idée la plus fausse ; on le voudrait toujours à cheval, toujours à la tête de ses troupes ; malgré les effectifs des immenses armées qui ont succédé aux petites armées d'autrefois et en dépit des armes à longue portée qui ont révolutionné l'art de la guerre, on imagine toujours le général en chef comme un simple commandant de phalange ou de légion. Rien de plus inexact, rien de plus dangereux que cette conception. Une armée de 600,000 ou même de 100,000 hommes n'a point de tête où puisse paraître, l'épée au poing, le général en chef ; et le généralissime qui aurait cette conception de son rôle mériterait, purement et simplement, d'être envoyé devant un conseil d'enquête. Il est nécessaire évidemment que le général en chef ait gardé toute sa vigueur physique ; le général Saussier, quelque mépris qu'il professe pour certaines injures, a mis sa coquetterie, pendant les manœuvres, à se montrer infatigable sur le cheval le plus fringant de dix états-majors. Mais cette coquetterie, qui pouvait être de mise dans de simples manœuvres, ne serait nullement indispensable à la guerre où le haut commandement a pour devoir de ne point diminuer par d'inutiles fatigues corporelles la fraîcheur et la lucidité de son cerveau. Il est arrivé à Turenne comme à Maurice de Saxe de suivre des campagnes et de diriger des batailles du fond d'un carrosse, et le plus hardi cavalier de notre armée, l'homme de fer et de bronze par excellence, le général de Galliffet, n'hésite pas à professer, que, le cas échéant, il serait le premier à en faire autant. Mais s'il est à peu près inutile que l'armée *voie* le général en chef, il est indispensable qu'elle *sente* toujours et partout sa pensée. Invisible et présent, il faut que toute action d'ensemble vienne de lui. Il serait désastreux qu'il perdît son temps à régler le détail; mais sa pensée doit apparaître à tous avec assez de clarté pour que, dans le règlement du moindre détail, tout concoure effectivement à la réaliser. L'immense étendue des champs de bataille de l'avenir, les foules énormes qui composent les armées modernes, la portée merveilleuse des armes à feu, tout concorde pour lui imposer cette conception de son rôle. L'étroit caporalisme d'autrefois n'a jamais été une force ; il devient aujourd'hui un non-sens. Au chef suprême, le soin de donner les indications générales, de choisir et de montrer le but à atteindre ; à ses lieutenants de choisir les moyens de l'atteindre et de l'enlever. Et ce qui est vrai ainsi du général en chef ne l'est pas moins, toutes proportions gardées, du général d'armée et du général de corps d'armée.

Le général Saussier, dans ses fonctions de généralissime, le général Davout et le général de Galliffet, à la tête des armées de l'Est et de l'Ouest, ont-ils compris ainsi leur rôle et leur mission? M. le ministre de la guerre l'a dit très haut dans son discours de Vandœuvre, et il a eu raison de donner à cette affirmation tout le retentissement d'un grand discours gouvernemental. Si le plan des manœuvres avait été moins étroit, s'il avait été réglé moins minutieusement à l'avance, j'ose dire que la force initiale d'impulsion se serait fait sentir plus vigoureusement encore, et l'on peut prévoir qu'elle sera, en temps de guerre, en raison directe de la liberté d'initiative qui sera laissée aux chefs de corps.

Non point sans doute, — et c'est là encore l'un des plus précieux enseignements des manœuvres, — que cette liberté puisse se traduire impunément par l'isolement de l'action individuelle. Le contact des coudes est indispensable aux divers corps d'armée qui forment une armée comme à chacune des unités tactiques entre elles. Le secret de l'art est précisément là. C'est dans le cadre de la pensée générale, dans la préoccupation constante du but fixé et dans le souci jaloux du contact à conserver que la liberté d'initiative doit se mouvoir, — et ce cadre est assez large. Ainsi le commandant du 6e corps, s'il faut citer des exemples, a toujours paru agir selon ces principes d'une éternelle justesse; à la bataille de Vandœuvre notamment, il a su faire mouvoir avec la plus grande aisance son admirable troupe sans perdre cependant, ne fût-ce qu'une heure, le contact du 5e corps qui opérait avec lui. Au contraire, dans la bataille de Colombey-les-deux-Églises, le 7e corps a dessiné sur l'aile droite de l'armée de l'Est un mouvement d'une courbe tellement excentrique qu'aucun lien ne le rattachait plus au 8e corps; si le combat n'avait pas été interrompu par une sonnerie qui paraît avoir été mal interprétée, il se serait trouvé pris entre les feux croisés du 6e corps, qui tenait le Bois-Cornet, et du 5e qui venait d'enlever Lignol, et de repousser le 8e vers Colombey. Assurément, ce jour-là, le vaste mouvement tournant du général de Négrier ne manquait ni d'ingéniosité, ni de hardiesse, et le 7e corps, que son chef tient merveilleusement dans la main, a déployé dans ces marches forcées une vigueur et un entrain remarquables. Mais ce mouvement, qui détachait complètement le 7e corps du 8e, ne pouvait avoir d'autres résultats pratiques que de donner au général commandant l'armée de l'Ouest le temps d'écraser le 8e corps avec le 5e et ses réserves, et de se rabattre ensuite sur le flanc du 7e qui arrivait en ligne beaucoup trop tard et au moment même où toute l'artillerie réunie du général Jamont tonnait sur lui.

La valeur impulsive du commandement

doit pouvoir être jugée aussi bien dans les marches stratégiques qu'au moment où le contact immédiat de l'ennemi oblige les armées au déploiement. Pendant toute la durée des manœuvres de l'Est, la valeur du commandement a pu être appréciée presque également dans l'une et l'autre action. Je dirai même que l'intérêt véritable des manœuvres, j'entends l'intérêt technique, cesse au moment même où les troupes ont pris leurs formations préparatoires de combat, où l'attaque se dessine, où les troupes vont s'aborder ; par conséquent, c'est avant la bataille proprement dite qu'il faut juger de la valeur réelle du commandement. Je sais bien que le public, la plupart des *reporters* et les photographes trouvent que la journée commence à ce moment. En vérité, c'est à cet instant même qu'elle finit, et il n'est bon de la continuer que pour donner aux troupes la récompense de tirer des fusillades et de jouer à la bataille. Ce divertissement, pittoresque et parfois grandiose, offre d'autre part des inconvénients sur lesquels la lumière paraît s'être taite. D'abord la mauvaise habitude de conduire les troupes à l'assaut de positions dont elle n'auraient même pas songé à approcher si les canons qui les garnissent étaient chargés à obus. Ensuite l'intervention parfaitement fantaisiste d'arbitres qui, pour maintenir l'équilibre d'amour-propre entre les différentes armées, semblent s'appliquer exclusivement à annuler de part et d'autre les résultats les plus certains des préparations tactiques en faveur des résultats tout à fait problématiques des assauts audacieux. C'est ainsi qu'à la bataille du 9 un arbitre a déclaré que « les ouvrages de Nuisement devaient être considérés comme n'ayant plus aucune valeur devant les attaques répétées de l'ennemi et que, sa résistance devant être épuisée, le 6e corps devait évacuer ses positions » ; déclaration, d'ailleurs, que la critique du généralissime, s'il faut en croire des informations autorisées, infirmait le surlendemain.

Combien plus instructives que ces combats de théâtre les marches mêmes des armées soit sur le champ de bataille, soit sur les routes qui y conduisent ! C'est là, en effet, et là seulement qu'apparaissent avec les qualités de résistance et d'entrain des troupes les qualités supérieures des chefs. La bataille de

Margerie-Haucourt, par exemple, que le général Saussier dirigeait en personne, n'a été que l'esquisse d'une bataille ou plus exactement encore « d'un vaste déploiement en vue d'une action générale et d'une marche sur les positions de l'ennemi. » Mais quel déploiement superbe ! quelle cohésion dans la marche en avant ! quelle simultanéité parfaite des efforts qui donnèrent tous leur rendement *dynamique* maximum ! Et le matin, pour arriver au champ de bataille, quelle belle régularité dans les mouvements des colonnes : à peine quelques allongements anormaux et, du reste, à peu près inévitables. Dans ces vastes plaines de Champagne qui semblent avoir été créées pour servir de champs de bataille, les têtes de colonnes débouchaient et se disposaient en avant dans un ordre irréprochable, leurs réserves massées à l'abri des reliefs du terrain ; les formations préparatoires du combat se prenaient avec une méthode presque parfaite ; avec quelle rapidité vertigineuse l'artillerie se mettait en batterie sur des positions choisies avec un coup d'œil assuré ! Au premier signal de la mise en avant, les lourdes masses s'ébranlent et s'élancent dans un bruit sonnant de fer et de cuivre; la flèche, lancée d'une main sûre, ne vole pas plus droit au but marqué; routes, plis de terrains, monticules, fossés, les maigres et robustes chevaux franchissent tous les obstacles d'un seul temps de galop; — mille mètres en cinq minutes en avant de Margerie; — les canonniers étaient, il n'y a qu'un instant, au fond de la plaine; les voilà sur la crête, en ordre de combat, tous à leurs postes et crachant déjà le feu sur la position ennemie. C'est dans ces mouvements et non ailleurs, on ne le répètera jamais assez, qu'apparaît la valeur du commandement. C'est là, quitte à trouver d'autres compensations pour le soldat, qu'il faudrait arrêter la bataille.

Que ces deux redoutables facteurs, l'épreuve morale et l'anxiété de l'inconnu, fassent défaut en manœuvres à l'expérience du haut commandement, cela est inévitable; l'amour-propre le plus violemment surexcité ne sera jamais pour le sang froid une pierre de touche suffisante. Les opérations de l'Est n'ont donc donné à cet égard que des indications tout à fait incomplètes : le calme méthodique de tels ou tels généraux était aussi bien connu en haut lieu avant les manœuvres que la nervosité brouillonne ou l'apathie de tels autres chefs. Ces opérations en revanche, ont démontré une fois de plus l'impérieuse nécessité qui s'impose de rajeunir, en certaines de ses parties, le commandement.

On a déjà montré que l'ensemble du commandement avait fonctionné, pendant les manœuvres, au-delà des espérances de ceux-là mêmes qui l'ont organisé. L'impulsion venue d'en haut, du généralissime d'abord, et des commandants des armées de l'Est et de l'Ouest, a été si forte, si active, si continue, qu'elle a tout vivifié, remué, secoué, et que les plus fatigués ont retrouvé un reste de vigueur. Mais si l'effort a été visible pour quelques uns et s'il a pu se prolonger pour ceux-là jusqu'à la revue finale de Vitry, au milieu des fatigues relativement très modérées des manœuvres, il est manifeste qu'il n'aurait pas résisté à huit jours de campagne effective. Il n'était pas besoin, d'autre part, de se reporter à l'Annuaire pour savoir l'âge des officiers généraux dont les brigades ou les divisions se présentaient sur le terrain de bataille et poussaient leurs marches avec la plus belle prestance et l'entrain le plus martial : c'étaient les plus jeunes qui les commandaient. Et je n'entends certes pas dire que l'âme des plus anciens soit moins patriote et moins militaire que celles de leurs cadets ; je dis seulement qu'elle est plus vieille. Elle possède encore, le plus souvent, la volonté et l'ardeur, mais habitant des corps plus usés et plus accessibles à la fatigue et à la maladie, elle n'a plus le même pouvoir de passer des pensées aux actes. Je constate, en outre, — et qui le contestera ? — que la plupart de ces vétérans ont été élevés à une école qui n'a jamais été, d'un aveu aujourd'hui unanime, une bonne école de guerre, où les connaissances exigées sur le papier étaient déjà insuffisantes, où le travail, parfois mal conçu et mal dirigé, ne permettait même pas toujours d'acquérir ces connaissances élémentaires, où la routine régnait en maîtresse. Il faut saluer ces vieux soldats qui, malgré les défauts de leur éducation militaire, malgré les vices des institutions dont ils sont restés les représentants, ont fait avec courage leur devoir sur les champs de bataille et ont servi avec honneur et fidélité pendant la paix.

Il faut les saluer et leur rendre hommage. Mais si l'intérêt de l'armée prime toute autre considération, il faut les remplacer, — et les remplacer au plus tôt, — dans leurs commandements actifs.

Cela est dur, pénible. Avec quelques précautions qu'on y procède, de quelques compensations qu'on l'accompagne, quelques pensions de retraite qu'on leur assure, quelques situation civiles qu'on leur réserve par une loi *qu'il faudra appliquer à la lettre*, le sacrifice de ces vieux soldats sera cruel... Mais quoi ! le pays tout entier n'a-t-il pas fait depuis vingt ans d'autres sacrifices à l'armée? Ne lui a-t-il pas donné depuis vingt ans des milliards et des milliards, ses épargnes, ses économies ? Ne lui donne-t-il pas la chair de sa chair, toute sa jeunesse ? N'est-il pas prêt, au moindre signe du ministre de la guerre, à lui donner encore plus, toujours plus ? A la moindre menace qui touchera l'indépendance nationale, n'est-il pas prêt à mettre sur pied un million d'hommes ? Et il ne se plaint pas, et, depuis vingt ans, pas un murmure ne s'est fait entendre : dès que la question de l'armée a été mise en jeu, la trêve s'est faite entre les partis et toutes les passions se sont tues. Et quand un pays a fait tous ces sacrifices, quand il est prêt à en faire tant d'autres, on hésiterait à demander celui de quelques vieux officiers fatigués, sacrifice qui coûtera à peine quelques centaines de mille francs, et qui, s'il ne se fait pas à temps, pourrait rendre tous les autre inutiles et superflus !

Je répète qu'il serait inique de ne pas professer pour le caractère, pour les vertus de ces vieux officiers le plus profond respect ; mais sont-ils en état de faire campagne ? Voyez-les, suivez-les. Hé ! sans doute, ils luttent avec courage contre la maladie, l'obésité, la fatigue. Mais ils ont beau lutter, la nature implacable triomphe de la dernière révolte de leur volonté. Ils tiennent encore debout, mais ils commandent à peine. Ils n'ont gardé des vieilles méthodes que la routine et ils ne soupçonnent pas les nouvelles. Ils voudraient ; ils ne peuvent pas. J'entends que la force même des choses les éliminerait pendant la première quinzaine de la guerre ; mais à quel prix ? Au prix de quelles hécatombes inutiles ? Au prix de quelles fautes dont les conséquences pourraient entraîner la défaite dans une lutte, où il ne s'agira plus, cette fois, de la préséance de la France, mais de sa vie même, lutte qu'il ne faudra entreprendre qu'avec la volonté arrêtée de ne la terminer que sur le Rhin ou sur la dernière crête française des Pyrénées ?

Ces vétérans, dont les deux tiers sont des invalides, est-ce cette heure solennelle qu'on attend pour les éliminer, alors qu'il sera trop tard, alors que leurs remplaçants, investis de leur succession du jour au lendemain, dans les plus redoutables circonstances, n'auront pas eu le temps de prendre connaissance de l'instrument terrible et délicat qu'ils seront appelés à manier ? Le bon sens le plus élémentaire ne prescrit-il pas, au contraire, de procéder à cette élimination à l'heure précise où elle peut se faire avec honneur pour tous, sans danger pour qui que ce soit, avec tous les ménagements et toutes les précautions nécessaires ?

S'agit-il d'introduire en France la fameuse *Lettre Bleue* du roi de Prusse, la lettre qui avise l'officier fatigué ou incapable que l'empereur-roi le remercie de ses services et l'appelle à exercer son dévouement dans des fonctions civiles? Je crains que, dans un pays de démocratie, où les passions étaient hier encore si ardentes, la *Lettre Bleue* serait toujours suspecte et que « l'odieuse politique » passerait pour l'avoir dictée, alors même qu'elle y serait le plus étrangère. Il ne s'agit donc que d'abaisser pour les généraux de brigade, comme pour les généraux de division, la limite d'âge, jusqu'à cinquante-huit ans, ou, mieux encore cinquante-six ans, tout en réservant au ministre de la guerre le droit de maintenir jusqu'à la limite actuelle les officiers qui auraient gardé une âme jeune dans un corps robuste et fort. Mais cette mesure-là est indispensable. Prenez-la, faites des généraux de vos jeunes colonels, des colonels de vos jeunes commandants qui sortent de l'école de guerre; qui ont reçu l'empreinte des enseignements nouveaux, qui joignent à la vigueur physique la fraîcheur intellectuelle et une instruction solide. Vous aurez ce jour-là, avec une armée déjà incomparable, des chefs vraiment dignes d'elle pour la conduire. Hésitez, reculez encore, par je ne sais quelle sensiblerie ou camaraderie coupable, devant cette mesure dont la nécessité est évidente, devant ce rajeunissement qui s'impose, et vous perdrez vingt-cinq chances de victoire sur cent.

Et ce n'est pas seulement que le vieux commandement soit mauvais en lui-même, parce que ceux qui l'exercent sont fatigués, usés, routiniers ou mal instruits. Mais il répand le découragement tout autour de lui et l'arbre tout entier souffre de ce bois mort que vous n'abattez point, qui empêche la jeune sève de pousser et d'étendre ses branches. Ce vieillissement du haut commandement affaiblit le présent et décourage l'avenir. Beaucoup parmi les jeunes, — parmi les plus forts et les plus capables, — condamnés à végéter sans issue dans les bas grades, perdent espoir, s'écœurent, quittent l'armée. Qui n'a été à même, depuis plusieurs années, de constater avec angoisse le nombre croissant des démissions dans notre corps d'officiers ? Or, ces démissions n'ont qu'une cause : l'obstacle sénile qui empêche, arrête et brise l'avancement des jeunes, qui « bouche » l'avenir. Ceux qui rendent à l'armée le moins de services, empêchent d'arriver ceux qui pourraient la servir avec le plus de profit. Etant données et la force des habitudes qu'ils ont prises, et la faiblesse de l'instruction qu'ils ont reçue, ils sont incapables de se transformer : réformez-les.

Pourquoi la jeunesse ou, tout au moins, la forte santé de l'âge mûr est-elle indispensable au général? On l'a dit cent fois : Parce que la fraîcheur de l'intelligence correspond d'ordinaire à la vigueur d'un corps qui devra être infatigable dans les batailles de quatre jours, dans les effroyables campagnes qui seront celles de l'avenir. Parce que la jeunesse du cœur exclut les haines, les jalousies, les rancunes que la vieillesse a accumulées. Parce que la nature le veut ainsi. Prenez l'histoire tout entière : d'un bout à l'autre, à de rares exceptions qui s'expliquent, tous les grands vainqueurs sont jeunes, — depuis Alexandre jusqu'à Scipion, depuis Gaston de Foix jusqu'au prince de Condé. Avez-vous recherché l'âge des généraux de la Révolution et de l'Empire, dont la fortune, quelque éclatante qu'elle fût, n'a cependant point dépassé le mérite? Hoche meurt à vingt-neuf ans, Joubert à trente, Marceau à vingt-sept, Desaix à trente-deux; Moreau a trente-trois ans à Heydenheim, à la tête de l'armée de

Rhin et Moselle, et trente-sept ans à Hohenlinden ; Augereau est général à trente-sept ans ; Masséna à trente-cinq, Brune et Ney à trente-deux, Jourdan, Mortier et Victor à trente et un, Soult, Gouvion-Saint-Cyr, Bessières et Macdonald à trente, Bernadotte et Lassalle à vingt-neuf, Lannes à vingt-huit, Murat à vingt-six, Davout à vingt-cinq, Marmont et Napoléon à vingt-quatre. Combien sont généraux aujourd'hui avant cinquante-deux ans, l'âge où meurt Napoléon ? L'être à quarante-quatre ans, l'âge où Murat tombe sous les balles napolitaines, à quarante-six ans, l'âge où le maréchal Ney est fusillé par la Restauration, c'est une fortune inespérée et qui paraît scandaleuse. Ils étaient jeunes : la Victoire qui, elle aussi, est femme, les aima. Et si vous regardez maintenant de l'autre côté des Vosges, quel a été le premier acte de l'empereur Guillaume à son avènement ? Il a éliminé impitoyablement quarante généraux fatigués, et l'âge moyen de ses généraux est aujourd'hui de quarante-huit ans. Les capitaines allemands sont vieux ; mais le rajeunissement commence au grade de colonel. En six ans, en dix ans, un officier intelligent passe de capitaine général. Il faut vingt ans, vingt-cinq ans, trente ans en France. Aux généraux allemands de quarante à cinquante ans, comptez le nombre de vieillards que vous opposeriez demain, si vous n'avez pas le courage de porter d'abord la cognée dans la loi de 1830?

Comptez et pesez votre responsabilité...

III

Il reste maintenant à examiner quel a été, pendant les manœuvres de l'Est, l'emploi des différentes armes, ce que le commandement a demandé aux différents services et ce qu'il en a obtenu pour l'exécution tactique.

D'abord, *la matière première*, la troupe : le soldat est admirable. Fantassin ou cavalier, artilleur ou soldat du génie, chasseur à pied ou pontonnier, l'homme n'a été nulle part inférieur à la rude tâche qui lui était assignée. Assurément, selon les qualités et les défauts du commandant, les différentes armes ont obtenu un succès inégal, et, dans les différentes armes, les différentes unités. Si la matière première est partout également bonne, forte, résistante et solide, elle gagne évidemment, et non pas seulement en apparence, mais en réalité, selon que le commandement s'exerce avec plus d'autorité, de méthode et de logique. La division d'infanterie de Nancy, par exemple, n'est point composée d'éléments originellement supérieurs à ceux de telle autre division ou de telle autre brigade. Mais elle a un chef jeune, plein d'entrain, de résolution et de belle humeur; elle sent sur elle la surveillance constante du chef éminent du 6e corps; elle sait qu'elle occupe à la frontière un poste d'honneur, et, sous toutes ces actions combinées, exercée et stimulée sans cesse, elle a développé au plus haut degré ses qualités natives. Entre toutes, on distinguait partout la division de Nancy. La constatation importante, dans l'espèce, n'est point cependant celle de l'existence de ces corps d'élite : c'est celle que l'ensemble même est excellent.

Ah! les braves, les admirables soldats que les nôtres! Et quel démenti ils ont infligé aux docteurs qui prophétisaient que le service de cinq ans, et plus tard celui de trois ans, ne donneraient jamais que des troupeaux d'hommes sans résistance contre la fatigue, maladroits au maniement des armes, incapables de discipline! Avez-vous suivi sur la carte la longueur des routes que les régiments de quatre corps d'armée ont faites pour se rendre sur le terrain des manœuvres et sur les divers champs de bataille où les appelait le savant et touffu programme du général de Miribel? Jamais, en temps de guerre, on ne demanderait en si peu de jours pareil effort aux soldats des différentes armes. Et, certes, je ne dirai point que les troupes des armées de l'Est et de l'Ouest ont accompli cet immense travail en se jouant; mais tous, quels qu'ils fussent, soldats de deux ans et réservistes, — ceux-ci redevenus tout de suite l'élite de leurs compagnies, — ils l'ont accompli sans plainte et sans murmure, sans une heure de retard sur le champ de combat ou au cantonnement, sans une minute de désordre ou de simple laisser-aller. Il fallait voir nos escadrons de cavalerie, — quand on réussissait à les voir, — charger avec une impétuosité d'autant plus ardente qu'elle avait été plus longtemps contenue, maîtres absolus de leurs chevaux, dont ils jouaient avec autant de souplesse et d'aisance que les plus fameux régiments de cosaques ou de hulans. Il fallait voir nos batteries d'artillerie se déployer, pour le combat, d'un seul élan, sans une hésitation, image superbe de la hardiesse au service de la science. Et il fallait les voir, nos petits fantassins, au passage des moindres villages, après les plus dures étapes, se redresser fièrement dans leurs uniformes usés et poussiéreux, portant allègrement le fusil et le sac, cadençant le pas aux gais refrains des clairons et à l'appel martial des tambours, avec la belle fierté de montrer en eux la force et la discipline de toute l'armée!

Si nos soldats des différentes armes ont été *en* et *par* eux-mêmes presque irréprochables, si la préparation tactique a été assurée partout, dans les plus petites unités comme dans les régiments, par l'intelligence pratique des officiers subalternes, — par ceux de la cavalerie comme par ceux de l'artillerie et de l'infanterie, — des erreurs assez nombreuses et même des fautes ont été commises dans l'emploi de ces armes. Les manœuvres ont fourni, à cet égard encore des enseignements infiniment précieux, à condition que, les ayant recueillis, le ministère de la guerre ait la résolution ferme et le courage, qui sera souvent pénible, d'en profiter. Ces erreurs et ces fautes, les attachés militaires étrangers, ceux-là surtout qui cachent sous le casque d'acier des yeux de lynx, les ont vues et parfois mieux que nous-mêmes. Et ils sauront comme nous si le mal reçoit ou non le remède qu'il comporte.

Deux erreurs principales ont pu être signalées dans l'emploi de l'infanterie. Dans les marches, sur les routes et à travers champs, les différents états-majors n'ont pas encore rompu avec l'habitude qui consiste à faire « garder leurs distances » aux différents échelons d'une colonne; il n'est notoirement rien de tel que cette routine pour fatiguer inutilement les troupes et amener des à-coups; chacun des échelons doit marcher à son pas et à son heure. Dans les batailles, l'infanterie a conservé, d'autre part, une fâcheuse tendance à ne pas marquer les phases du combat. Comme Gusman, elle ne connaît pas d'obstacle, ce qui est fort joli en manœuvres, mais ce qui ne serait point, malgré toute la bravoure et toute la hardiesse du monde, en temps de guerre. D'une manière générale, les corps d'armée prenaient à peine le temps de se déployer et leurs dernières troupes marchaient sans s'arrêter, du point de départ au couronnement des positions ennemies. Or, rien de plus contraire à la réalité que cette belle manœuvre de parade. S'il est admis, en effet, que la masse de combat d'une armée et ses réserves auront souvent à marcher en formation de rassemblement, il n'en va pas de même de ses troupes de première ligne qui se trouveront le plus souvent sur des routes protégées par des avant-gardes dont la mission propre est d'attirer ou de maintenir l'ennemi. Pendant que l'ensemble du gros des colonnes attaque partout et cherche à forcer l'ennemi à engager ses réserves, la masse de combat guette l'endroit décisif afin de s'y porter. Il y a là, en avant et en arrière de la ligne de bataille, une double escrime qu'il est absolument nécessaire de figurer pour marquer le combat et qui, le plus souvent, ne l'a pas été. A observer encore que la précipitation avec laquelle se poursuivait le combat d'infanterie n'a point permis d'étudier suffisamment l'emploi des feux.

L'emploi de la cavalerie aux manœuvres de l'Est appelle malheureusement des critiques d'une autre sévérité. Il faut avoir le courage de dire les choses telles qu'elles sont: la cavalerie a été aux manœuvres comme si elle n'existait pas ; elle n'a pas cessé d'être conduite comme si elle avait été de l'infanterie montée, selon l'expression anglaise, et un critique autorisé a pu écrire, paraphrasant le mot fameux : « La cavalerie sera indépendante *ou* inutile, » que la cavalerie avait été aux manœuvres « indépendante *et* inutile à la fois. »

La cavalerie est-elle en elle-même inférieure à nos autres armes ? Porter sur elle un pareil jugement serait commettre une véritable injustice. Prise en elle-même, la cavalerie est excellente, elle possède des règlements admirables et ses officiers (la plupart de ses colonels, presque tous ses généraux de brigade) ne le cèdent à personne pour le dévouement, l'activité physique et l'intelligence. Non seulement elle a été préparée à la guerre avec autant de souci et d'ardeur que toutes les autres armes, mais elle a encore, au plus haut degré, le sentiment exact et la connaissance raisonnée de sa mission. Elle a l'intelligence, elle a le cœur, elle a la force, et il n'est rien, — témoin les manœuvres de Châlons, cette année même, — qu'on ne puisse lui demander. Seulement, hélas! s'il est vrai qu'il n'est rien qu'on ne puisse lui demander, il n'est pas moins vrai qu'on ne lui a rien demandé d'un bout à l'autre des manœuvres de l'Est, et cela malgré les instructions précises et formelles de l'ordre préparatoire de ces manœuvres.

La *reconnaissance* est la première partie, et peut-être la plus essentielle, de la mission propre de la cavalerie. Et, sans doute, le peu de distance qui a constamment séparé les deux armées ne permettait guère de faire en grand le service d'exploration : l'heure et le lieu exacts des rencontres étaient partout prévus et il eût fallu plus d'initiative officielle aux chefs des cavaleries opposées pour leur permettre, même dans ces circonstances défavorables, d'élargir comme il eût fallu leurs sphères d'action. Mais quoi! même dans l'arène restreinte qui leur était laissée, les cavaleries opposées avaient encore quelque chose à explorer et à reconnaître : qu'ont-elles exploré? quel genre de renseignements ont-elles apporté? Elles n'ont reconnu le plus souvent que des positions inutiles, et, faute d'une théorie précise sur la nature des renseignements nécessaires, n'ont fourni que des renseignements surannés. Tous ces beaux escadrons, rongeant leur frein, n'ont fait ainsi qu'épuiser leurs chevaux dans des marches inutiles sur les ailes des armées, *le plus souvent au pas*, — tel régiment a fait au pas près de 60 kilomètres, — si bien qu'à la fin des manœuvres un bon tiers des chevaux était sur le flanc sans que ce sacrifice ait été compensé par un *rendement* appréciable. Sur la tactique préparatoire du combat, je cite encore, parce que je ne saurais mieux dire, la critique autorisée du rédacteur de *la Revue de cavalerie* : « Dans le langage militaire actuel, on dit couramment *le duel des deux cavaleries* pour désigner la première et inévitable rencontre des nombreux escadrons jetés en avant du front des armées, et cette expression est très heureuse en ce qu'elle fait image. On voit les deux adversaires s'observer d'abord, puis se tâter, puis bientôt essayer de se tromper par une suite de feintes, enfin se fondre pour tout de bon et à fond, et alors engager le fer avec la rapidité de l'éclair. Or rien de pareil ne s'est produit sur le terrain des opérations. De part et d'autre, on s'est avancé lourdement, en tâtonnant, en hésitant presque à chaque pas, à la recherche non de l'ennemi, mais de *positions* successives, — un non-sens et même un contre-sens pour la cavalerie, — auxquelles on restait *cramponné* jusqu'à la dernière extrémité. » Aucune idée, aucune tentative de manœuvre ; pas un *raid* digne de ce nom. Plus d'une fois l'infanterie s'est trouvée en face de l'ennemi sans que la cavalerie en ait même signalé l'approche.

Les commandants de la cavalerie « indépendante » ont-ils mieux compris leur rôle *pendant* et *après* la bataille ? Voici les faits qui ont été constatés par toute l'armée : pendant la bataille, les escadrons arrivaient d'ordinaire trop tard, parce qu'ils avaient commencé par se promener, d'ordinaire au pas, à des distances énormes, cherchant inutilement à dévorer un ennemi qui était depuis longtemps engagé. Certes, quand ils finissaient par arriver sur le champ de bataille et quand ils n'étaient pas complètement épuisés, ils chargeaient avec une fougue superbe, dans un ordre magnifique, vagues vivantes qui avançaient avec une irrésistible puissance. Mais la charge était à peine terminée que les régiments tournaient bride pour retourner *lentement* à leurs cantonnements et on ne les revoyait plus de la journée.

Ils n'ont fait que *charger* et n'étaient déjà plus.

A Margerie-Haucourt, la cavalerie s'est contentée de charger, vers neuf heures du matin, les escadrons du général Colbert, et quand le 5e corps s'est avancé pour prendre l'ennemi en flanc, les divisions indépendantes ne lui ont prêté aucun appui : personne au monde ne savait plus où elles étaient. A la bataille de Lignol-Colombey, aussitôt après le premier choc, la 1re division avait pareillement disparu, laissant les 5e et 6e corps complètement à découvert, c'est-à-dire à la merci de toutes les entreprises que la 5e division de cavalerie ennemie pouvait tenter sur eux et dont l'idée, d'ailleurs, ne lui est même pas venue. Quel est cependant le rôle propre de la cavalerie après le combat ? N'est-il pas, dans toutes les théories, de former le rideau derrière lequel les autres troupes effectueront leurs mouvements avec une sécurité relative ? Alors même qu'il n'y a point poursuite, le rôle *actif* de la cavalerie, qui doit commencer bien avant l'entrée en scène de tous les autres corps, ne doit-il pas continuer jusqu'à la dernière lueur du jour? Avant le combat, la cavalerie est *l'œil* de l'armée; *l'œil* n'a rien vu parce qu'il n'a point regardé. Après le combat, la cavalerie est le *rideau* de l'armée; le *rideau* n'a rien protégé, parce qu'il n'a même pas été tiré.

Que les fautes tactiques de la cavalerie apparaissent toujours sous une lumière plus crue que celles des autres armes, c'est une fatalité inhérente à son rôle même, mais qui n'excuse point ses fautes. Une division de cavalerie, au contraire d'une division d'infanterie, est, en effet, un tout qui reste toujours *un*, qui ne se disperse pas, qui ne saurait agir par pièces et morceau : c'est le *bloc* par excellence, un boulet humain qui ne peut recevoir son impulsion que du général qui la commande et qui doit la lancer en avant. Les régiments qui composent la division ont beau être les plus fiers et les plus hardis du monde; le tout ne vaut que par celui qui les emploie, et si celui-là ne sait pas s'en servir, vos si beaux régiments sont perdus, annihilés; leurs officiers auraient mieux fait de rester au quartier et leurs chevaux dans les écuries.

Pour que la cavalerie française soit ce qu'elle doit être, ce qu'elle fut avec Lassalle et Murat, ce qu'elle est en situation de redevenir du jour au lendemain, il lui faut des chefs. Le corps est admirable, c'est l'âme seule qui manque.

Les armes savantes et les services spéciaux n'appellent que peu d'observations et méritent les plus vifs éloges. La belle tenue et la mobilité de l'artillerie défient les plus difficiles critiques ; un sens très judicieux a présidé d'ordinaire au choix de ses emplacements. Il faut observer cependant qu'il n'y a pas entre les différents corps, sur une partie cependant essentielle de la tactique de l'artillerie, unité de doctrine. Les uns, afin de procéder au début de chaque combat par écrasement, se constituent d'abord en grandes batteries qui offrent le triple avantage de l'unité de direction, de la supériorité du nombre et du réglage simultané. Les autres n'attendent pas qu'ils aient éteint les feux de l'artillerie ennemie pour s'attaquer à l'infanterie, se fractionner et suivre pas à pas les hasards de la lutte contre les troupes de ligne. Il serait cependant indispensable de fixer la doctrine dans l'un ou l'autre sens et, selon nous, dans le premier qui semble généralement admis aujourd'hui par les différentes armées européennes.

Le génie mérite une mention particulière. Ce corps, dont les officiers sont en si grand nombre des savants distingués, dont les soldats ne le cèdent à aucun autre pour la tenue, la discipline et le courage, est l'arme modeste par excellence. Les applaudissements qui saluent les marches allègres de l'infanterie, les défilés brillants de l'artillerie, les charges impétueuses de la cavalerie lui sont parcimonieusement marchandés, pour ne pas dire inconnus. Le génie a cependant la conscience de son utilité tous les jours croissante avec les progrès de la guerre moderne, et cette conscience suffit à sa vertu. Ç'a été une joie pour tous ceux qui ont le souci de la justice distributive que la large part qui a été faite au génie par le général Saussier, dans son ordre général de Vitry-le-François : « Le génie s'est affirmé comme quatrième arme sur le champ de bataille. » Aucun hommage, venu de plus haut, n'a été plus mérité. L'organisation défensive des positions a été entendue avec une sagacité qui ne s'est presque jamais trouvée en défaut ; on pourrait observer tout au plus que quelques-uns de ces travaux avaient reçu encore trop de relief, qu'ils étaient encore trop visibles et qu'ils offraient ainsi à l'artillerie un but trop commode : pour que les fortifications passagères du génie donnent la protection efficace qu'on attend d'elles, c'est sur la crête, en arrière, et non en avant des ondulations, qu'il faut les établir. Il conviendrait, d'ailleurs, de ne pas multiplier ces fortifications aux avant-postes afin de ne pas y concentrer, par une manœuvre presque inévitable, l'effort des troupes qui ne veulent pas abandonner leurs positions et attirent ainsi toutes les forces sur une ligne très étendue qui absorbe rapidement les réserves et fait échapper le combat à toute direction. On ne louera jamais assez, en revanche, la célérité avec laquelle, en quelques heures, les soldats du génie achevaient leurs travaux de campagne. L'organisation des moyens de communication n'a pas été moins remarquable : sur terre, sur l'eau et dans l'air, le génie n'a point, sans doute, révélé à ceux qui connaissent de longue date ce corps d'élite des qualités nouvelles, mais pour la promière fois peut-être, il a parlé haut à l'imagination du public.

La réparation des ponts de chemin de fer par les belligérants est l'une des opérations les plus délicates de la guerre, mais l'une de celles qui se présentent le plus souvent, dont l'importance est la plus grande, qui demandent à être conduites avec le plus de célérité. Dès que la circulation des voies ferrées se trouve interrompue par la rupture d'ouvrages d'art importants, le mouvement en avant des armées est paralysé : l'arrivée de ses subsistances, le transport de son matériel, subissent les plus dangereux retards. Dès lors, la nécessité de créer un matériel spécial en métal, au lieu des matériaux en bois, auxquels on se résignait naguère pour arriver à franchir rapidement, dans des limites de largeur donnée, une brèche quelconque. L'expérience faite pour le lancement du pont métallique de Matthaux avec les appareils du colonel Marcille a réussi à merveille. Le thème des manœuvres supposait que le pont de chemin de fer situé sur la ligne de Troyes-Brienne, à proximité de la station de Matthaux, avait été détruit le 8 septembre ; le 11, à cinq heures du soir, tout était « rétabli » et le 12, au matin, la première locomotive, filant à toute vitesse, passait sur le pont en tôle d'acier. Il avait fallu six jours pour faire ce que les Allemands, en 1870, avaient péniblement réussi en un grand mois.

L'établissement des ponts sur l'eau n'a pas été moins remarquable. Jusqu'à présent, les compagnies du génie n'avaient eu à compter pour ce genre d'opérations que sur les matériaux à trouver sur place, bateaux, arbres, poutres ou planches. On en faisait, après quelque perte de temps, des chevalets rapides et des radeaux. Le génie a tenté cette année un essai qui devra sans doute être perfectionné, mais dont les résultats ont été très satisfaisants. Chaque compagnie a été pourvue d'un haquet chargé de toutes les pièces nécessaires pour constituer deux travées légères de pont, permettant ainsi de franchir une brèche de 10 à 11 mètres. En réunissant le matériel de plusieurs compagnies, on peut d'ailleurs construire sans peine des ponts d'*avant-garde* plus importants. C'est ce qu'a fait, par exemple, dans la manœuvre du 4 septembre, le commandant du génie du 8e corps pour construire, près de Ragnicourt, un pont de 40 mètres sur lequel l'infanterie toute entière a défilé pendant que l'artillerie profitait d'un gué voisin. — Par un contre-sens fâcheux, le corps, si vigoureux et si vaillant, des pontonniers est encore rattaché à l'artillerie qui ne devrait pourtant souhaiter que de s'alléger de tout ce qui n'est pas le canon.

Enfin, le service télégraphique et téléphonique, dont le génie n'a d'ailleurs en temps de paix que la préparation technique, n'a pas donné de moins intéressants résultats. Les positions de bataille des états-majors ou leurs cantonnements étaient à peine établis que des fils télégraphiques et téléphoniques, posés tantôt sur le sol, tantôt sur les arbres des routes, les reliaient aussitôt avec une étonnante rapidité. C'était l'affaire à peine de quelques minutes d'un travail discret et silencieux. Les appareils téléphoniques sont particulièrement bien conçus : rien qu'une petite boîte avec un parleur, deux écouteurs et un appel-chien, puis le fil bi-métallique Charolois de 6 dixièmes de millimètre de diamètre, recouvert d'une pellicule de cuivre par étirage, sans gaine de coton, et dont la conductibilité est telle qu'il suffisait de le poser par terre, dans l'herbe, parfois de l'enterrer sans autres précautions. Une brigade a pu rester ainsi tout un jour en communication téléphonique constante avec ses flanqueurs. A noter, en ce qui concerne le service télégraphique dont l'importance est apparue au grand jour pendant les manœuvres de l'Est, qu'il recevrait une impulsion encore plus grande de la création, depuis si longtemps réclamée, d'un corps spécial de télégraphie militaire qui serait rattaché au génie.

La technique de l'aérostation militaire ne s'est pas moins perfectionnée depuis quelques années que celle de la télégraphie et de la téléphonie. Le parc aérostatique, qui a été successivement attaché à chacune des deux armées, était divisé en deux échelons. Le premier comprend les ballons, les voitures à tubes qui permettent de donner aux aérostats la mobilité même des troupes en marche, et un approvisionnement de gaz correspondant à trois gonflements ; le second échelon constitue une petite usine volante destinée à fabriquer le gaz sur les derrières de l'armée, à le comprimer dans des réservoirs et à renouveler ainsi l'approvisionnement des munitions aérostatiques au fur et à mesure de leur consommation. L'opération du gonflement dure à peine de 15 à 20 minutes. Une fois le ballon gonflé et pourvu de sa nacelle, il est attaché au câble, enroulé sur le tambour de la voiture-treuil, qui permet de le traîner en tout lieu et à toutes allures. D'ordinaire, la position choisie est la plus proche du général en chef, la voiture-treuil restant abritée derrière un pli de terrain, afin que l'ennemi n'ait d'autre point de repère qu'un point isolé dans l'espace. A la bataille de Colombey, le général de Galliffet a pu rester près de trois heures dans le ballon, suivant à la fois en face de lui le mouvement du 5e corps contre Lignol, et les opérations du 6e corps à Bois-Cornot, donnant par téléphone tous ses ordres que le télégraphe transmettait aussitôt aux états-majors des troupes engagées.

Les services annexes des postes et de la trésorerie ont fonctionné avec beaucoup de régularité ; celui de la santé a fait l'expérience d'une baraque démontable en carton qui doit servir d'annexe mobile aux hôpitaux de campagne et qui paraît fort ingénieusement conçue.

Reste le service des chemins de fer. On a beaucoup vanté la rapidité et l'ordre avec lesquels la Compagnie de l'Est a procédé, dans les journées des 18 et 19 septembre, aux transports de dislocation des armées, et il est certain que l'opération a été fort bien conduite. Embarquer, dans une période qui n'a pas excédé vingt heures, et transporter dans vingt directions différentes plus de 80,000 hommes, 2,000 chevaux et 100 voitures n'était pas chose aisée au moment où le voyage du président de la République amenait sur le réseau de l'Est plus de 100,000 voyageurs civils. Pendant qu'il fallait assurer à ceux-ci, du 16 au 20 septembre, plus de soixante-dix trains supplémentaires en plus service ordinaire, l'opération militaire réclamait à elle seule 4,000 voitures de wagons, 100 trains spéciaux de matériel vide et 88 trains de troupes. Cette énorme besogne a été exécutée cependant avec la plus grande ponctualité, sans un à-coup ; les embarquements, répartis dans sept gares, se sont poursuivis avec une régularité mathématique et sans encombre ; la marche des trains militaires n'a souffert aucun retard et n'a été dérangée par aucun accident.

L'ordre a été tel qu'il a été inutile de recourir à aucun des moyens de secours ou de réserve que la Compagnie de l'Est s'était ménagés pour parer aux éventualités. Mais, ceci dit et constaté au plus grand honneur de la Compagnie, il n'en demeure pas moins que l'expérience des services militaires des chemins de fer n'a pas été faite plus que celle de l'intendance elle-même.

La dislocation d'une ou de deux armées, alors même qu'elle a été préparée de longue date, reste une opération assurément fort compliquée ; mais la véritable opération de guerre, c'est celle de la mobilisation à brève échéance, presque subite, et c'est précisément l'expérience qui n'a point été tentée. On affirme et l'on peut croire qu'elle n'eût pas moins bien réussi que celle de la dislocation et qu'elle se serait même heurtée à de moindres difficultés pratiques. Il fallait la tenter cependant, et, tant qu'elle n'aura pas été essayée dans les conditions mêmes d'une déclaration de guerre éclatant comme un coup de foudre dans un ciel serein, le scepticisme restera le commencement de la sagesse.

IV

Tels sont ou tels, du moins, nous ont apparu, non pas assurément dans leur détail, mais dans leurs grandes lignes, les enseignements des manœuvres de l'Est, enseignements doublement précieux par la constatation des progrès réalisés et surtout par l'indication claire et précise de ceux qui restent à opérer. Le haut commandement s'est à juste titre félicité et montré fier des premiers : qui voudrait douter qu'il ne sache pas tirer parti des seconds? Nous avons à la tête de l'armée un ministre de la guerre qui applique à l'administration de son département les ressources de la plus souple et de la plus ingénieuse intelligence, qui a trouvé dans le retour aux fonctions qu'il occupa, une première fois, pendant la défense nationale, aux côtés de Gambetta, l'emploi définitif des facultés puissantes d'organisation qu'il a reçues de la nature, que l'armée a adopté, qui départage, au nom de la suprématie du pouvoir civil, les ambitions rivales et qui a pu demander aux Chambres, avec plus d'autorité et de puissance de persuasion que tout autre, les sacrifices nécessaires à la sécurité du pays. A côté de lui, généralissime désigné pour la guerre, le général Saussier est, dans toute la force des termes, selon une heureuse formule, « le chef respecté, admiré et vénéré de toute l'armée, » respecté pour son caractère, le plus droit et le plus simple, admiré pour la solidité d'une intelligence toujours en éveil, claire et nette, inaccessible aux émotions passagères, réfléchie et forte. Que dire qui n'ait été déjà dit de chefs d'armée qui s'appellent Galliffet et Davout, Billot, Berge et Thomassin, et dont les qualités, assurément inégales et diverses, constituent entre les mains du généralissime une force incomparable? Que dire encore du chef de l'état-major général, de ce général de Miribel dont la nomination valut à Gambetta tant d'odieuses et imbéciles accusations et à qui, pour rester digne des fonctions redoutables où il a été trop tardivement rappelé, je ne souhaiterais, à lui qui a été tant de fois et si indignement outragé, que de se méfier des réclames intéressées qui ne font illusion à personne et qui ne pourraient, depuis certaine expérience, que créer à nouveau contre lui un préjugé défavorable? Ce que nous avons seulement aperçu et que nous avons essayé de résumer dans ces quelques pages, ces patriotes et ces soldats l'ont vu en toute lumière, alors même, — alors surtout, — que leur œuvre propre était en cause; qui les connaît ne supposera pas un instant qu'ils soient hommes à s'endormir sur les lauriers de la revue de Vitry.

La reconstitution de nos forces militaires restera, devant l'histoire, le grand titre d'honneur de ces vingt dernières années. Aucun sacrifice n'a coûté au pays : il les a tous consentis sans murmure; aucune dépense n'a arrêté les chambres : les partis politiques, dès que la défense nationale a paru en cause, ont tous, sans exception, — et pas un républicain ne contestera cet hommage d'un républicain, — abdiqué leurs passions et leurs préférences; forts du concours de quatre chefs d'Etat également patriotes, des ministres de la guerre qui se sont appelés Leflô, Cissey, Berthaut, Borel, Grosley, Farre, Billot, Lewal, Campenon, Logerot, Ferron, Freycinet, n'ont reculé devant aucune responsabilité ; aucun effort n'a rebuté, sous l'aiguillon des inoubliables leçons de l'année terrible, des chefs de corps qui se sont appelés Chanzy, Ducrot, Clinchant, Henri d'Orléans, Février, pour ne parler que de ceux qui sont morts à la peine ou qui, ayant été des premiers parmi les semeurs, n'ont pas eu la joie de prendre part à la moisson ; depuis les officiers les plus éminents de l'Ecole supérieure de guerre jusqu'au simple soldat, jusqu'au réserviste ou au territorial, toujours prêt à répondre à l'appel, l'armée nationale tout entière, la « nation armée » a donné tout ce qui lui était demandé. Mais cette reconstitution de nos forces, œuvre de la nation tout entière, si elle est faite pour inspirer à tous la confiance dans l'avenir, pour donner à tous le sentiment que le droit aura désormais la force à son service, cette reconstitution n'est pas achevée, et, en tout cas, elle n'est point parfaite. Beaucoup a été fait, beaucoup reste à faire, — et ce qui reste à faire doit être fait. Le destin, qui semble nous être redevenu favorable, nous accordera-t-il d'essayer d'abord dans une nouvelle expérience pacifique, d'ici deux ou trois ans, l'instrument dont l'expérience d'hier a indiqué les dernières défectuosités ? L'avenir n'est à personne. Mais quel que soit l'inconnu de demain, quelque redoutable qu'il soit pour ceux-là surtout qui, prêts dès aujourd'hui à la guerre, ne feront jamais rien pour troubler la paix, le devoir reste le même. Nous avons su l'accomplir jusqu'ici, dans l'union patriotique de tous ; nous saurons l'accomplir jusqu'au bout.

B. 1190. — Paris. Typ. FERDINAND IMBERT, 7, rue des Canettes.

G. CHARPENTIER & E. FASQUELLE, ÉDITEURS
11, RUE DE GRENELLE, 11

OUVRAGES DU MÊME AUTEUR

La Serbie et le Monténégro .... 1 vol.

Voyage en Orient .... 2 vol.

TOME PREMIER : Les Premières Stations. — Le Danube. — Le Bosphore.

TOME SECOND : La Grèce. — La Grèce contemporaine. — L'Adriatique. — La Question d'Orient en Orient.

Les Récidivistes (3e mille) .... 1 vol.

Le Ministère Gambetta (2e mille) .... 1 vol.

La Logique parlementaire .... 1 vol.

Discours et Plaidoyers politiques de M. Gambetta, publiés par M. JOSEPH REINACH .... 11 vol.

Discours choisis de M. Gambetta, avec une Notice par M. JOSEPH REINACH .... 1 vol.

Dépêches et Circulaires, Décrets, Proclamations .. 2 vol.

BROCHURES

La République ou le Gâchis, brochure poursuivie par le Cabinet du 16 Mai.

Du rétablissement du Scrutin de liste.

Gambetta orateur.

Les Lois de la République, législature 1881-1885.

Imp. Pommarty, 22, rue du Vieux-Colombier, Paris

www.ingramcontent.com/pod-product-compliance
Ingram Content Group UK Ltd.
Pitfield, Milton Keynes, MK11 3LW, UK
UKHW031926260826
14628UKWH00003B/1446

9 782012 897502